Vie Nouvelle

Lisa Frouin Lvovitch.

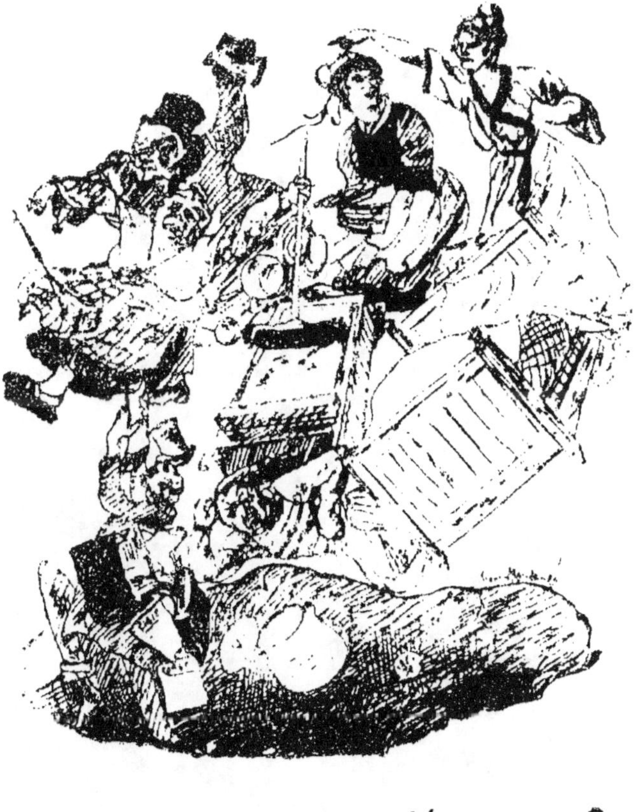

A Bas
Tout le fouillis
Inutile et Encombrant.
Bonnes. Casseroles. Propriétaires.
Lits. Patronnes. Déménageurs.

Huissiers. Concierges. Buffets.

= Véritable Arche de Noé

VIE NOUVELLE

I. RIRACHOWSKI
:Imprimeur-Éditeur:
50, Bd. St-Jacques
PARIS

« **VIE NOUVELLE** » *est un* **document important** :
parce qu'il contient toutes les indications indispen-
sables pour organiser de la façon la plus simple,
la plus économique et la plus esthétique la vie
familiale ; et que, par conséquent, il peut servir de
guide à cet effet aux générations présentes et futures.

CONFÉRENCE

FAITE PAR

Mme Lisa FROUIN

le 22 Mars 1917

44, Rue de Rennes, PARIS

Vie Nouvelle, Simple, Saine et Gaie

Déjà bien avant la guerre, le programme de la vie féminine abondait en tâches excessivement compliquées et déprimantes; pendant la guerre, les forces physiques et morales de la femme se sont épuisées dans l'effort incessant de suffire partout et pour tous !

Pour fournir aux soins quotidiens des enfants, pour soutenir moralement le mari par une correspondance suivie, pour s'occuper du ménage, de la cuisine, et augmenter ses revenus en travaillant au dehors, pour paraître propre (en réalité ne pas pouvoir l'être), recourir à une hygiène rudimentaire — il ne suffirait même pas de 48 heures !

Qui osera donc prétendre que toute cette besogne de chaque jour, consciencieusement réalisée, est à la portée des forces humaines ? C'est un travail d'Hercule auquel personne ne prend garde, parce qu'il est aveuglément accepté.

Enfin... nous voilà après la guerre !

La femme est exténuée; elle aussi aurait bien besoin de repos ! Mais hélas ! son rôle de toujours lui imposera de nouveau une sollicitude de chaque

instant pour les chers hommes revenus de si loin...
fatigués ou malades... dont quelques-uns ne pourront
de longtemps et peut-être jamais reprendre le travail
d'autrefois. Or, la femme continuera à s'épuiser. Quel
enfant peut donc naître d'une mère exténuée et
d'un père dont la santé fut plus ou moins compro-
mise au cours de cette guerre monstre ?

Combien misérables seront les soins donnés
aux enfants par des parents, qui eux-mêmes auraient
besoin de soins particuliers ou d'un long séjour
dans un sanatorium bienfaisant ?

En approfondissant sérieusement ces questions
d'une urgence primordiale, peut-on admettre que
des secours aux familles nombreuses ou aux plus
éprouvées par les circonstances actuelles seraient un
remède efficace ? Peut-on supposer que l'appoint
quotidien de deux et même trois francs de plus dans
un intérieur laborieux résoudrait la question des
logements insalubres, ces foyers d'infection et de
culture du rhumatisme !... Peut-on espérer que l'aide
temporaire aux ménages nécessiteux diminuera
l'effroyable mortalité infantile et épargnera aux
femmes surchargées de besogne la déchéance physique et morale ?

Je ne le crois absolument pas ! Un malade qui
a besoin d'un bon coup de bistouri ne guérira jamais
par des palliatifs. Or, il nous faut des réformes
radicales ! Et ces réformes exigeront certainement
moins d'efforts, moins de dépenses que la plupart
des essais tentés pour venir en aide à la mère, à
l'enfant et à tout le pays menacé par la dégénéres-
cence.

Cette pièce, tout en paraissant dépourvue de meubles, recèle dans ses murs un confortable mobilier nécessaire à l'aménagement d'un appartement complet.

La même PIÈCE PRINCIPALE

La même pièce que sur le dessin précédent transformée en chambre à coucher. La table à manger n'a pas encore réintégré son emplacement dans le mur. Une fois remontée elle servira de porte au buffet en même temps que de panneau au mur.

La même PIÈCE PRINCIPALE

Toujours la même pièce qui est cette fois-ci métamorphosée en salon ; grâce au dossier qui a été relevé, un des lits s'est transformé en canapé.

*
**

Un des moyens les plus rationnels pour assainir la race dans l'enfant serait la réalisation du projet des *Ecoles Régénératrices* (1). Pour sauver du dépérissement les générations qui viennent, il faut les soigner, les élever et même leur donner l'instruction dans ces Ecoles qui seront en même temps des sanatoria.

Les conditions de vie dans ces Etablissements seront certes plus salutaires à l'enfant venu au monde à cette époque destructrice que l'affection la plus constante et la plus ardente d'une mère impuissante à le fortifier. En aidant la mère à assainir la vie de ses petits par des moyens, que les gens même les plus aisés pourront envier, ne lui donnera-t-on pas un bon espoir dans l'avenir de ces chers êtres ? En lui enlevant le plus grand souci de sa vie, déjà si pénible et si compliquée, ne lui fournira-t-on pas le moyen de rester à la hauteur de ses devoirs sociaux ? Combien cela serait facile cependant avec l'application générale du système des Ecoles Régénératrices.

Et je reste persuadée que tout en étant débarrassée des soins multiples de la maternité, la femme aura encore trop à faire. Il faut à tout prix trouver le moyen de simplifier sa besogne quotidienne, qu'elle soit mère ou non, et cela pour qu'elle puisse ménager ses forces. Ainsi, au moment de l'enfantement, elle n'aura pas l'apparence d'une loque

---

(1) Voir page hors-texte.

humaine, bonne tout au plus pour l'hôpital ou la maison de santé. La femme enceinte ou la femme anémiée, prédisposée à la tuberculose, atteinte des maladies de femmes de toute espèce, par conséquent démoralisée, n'a-t-elle pas besoin elle-même de soins immédiats et constants? Mais qu'importe! Tant qu'elle est debout, elle se multiplie. Elle avait son mari à soigner et il n'était pas, avant la guerre, toujours l'enfant le plus facile à contenter. Après la guerre, il sera bien juste qu'on pense encore et tout d'abord à lui. Et le ménage, la cuisine, l'entretien de la famille? Or, où trouver un moment, soit pour se reposer, soit pour aller à l'hôpital, consulter un médecin et suivre ses prescriptions?

L'existence de la femme, de profession intellectuelle, dont le budget est restreint, est encore pire. A sa faible résistance physique, se joint une sorte de mécontentement permanent. Elle est souvent obligée, elle aussi, de gagner sa vie, et en plus de toutes les besognes d'une femme du peuple, elle a un besoin irrésistible d'arracher au temps qui lui manque toujours, quelques minutes pour ne pas se refuser une satisfaction *intellectuelle*. C'est le tribut à son éducation! Mais hélas, la journée n'a que douze heures...

Et ces femmes qui ne peuvent pas vivre en égoïstes, qui voient de tous côtés des gens plus malheureux qu'elles, faut-il les condamner parce qu'elles éprouvent de la peine à ne pouvoir jamais se rendre utiles à la collectivité?... Non... on ne leur refusera pas ce droit légitime de vivre en êtres humains dans le meilleur sens de cette définition ;

et pour qu'elles ne s'abrutissent pas complètement dans les conditions d'une vie compliquée, malsaine et maussade, nous tâcherons de leur donner le moyen d'adopter une forme ou une combinaison de vie nouvelle qui résoudra quelques questions urgentes relatives à leur existence. Grâce à cette combinaison, nous pourrons, avec moins de dépenses de santé, de temps, d'argent, et en diminuant considérablement le nombre de personnes sacrifiées pour l'exécution des besognes quotidiennes, obtenir des conditions de vie relativement simples, hygiéniques, confortables, et, par conséquent, saines et agréables.

Bien entendu, ce n'est pas encore la perfection, puisque les inconvénients sont, hélas! les fidèles compagnons de toute organisation. Mais de deux maux, il faut préférer le moindre. Ainsi, j'ose vous affirmer que le nouveau mode de vie sera, certes, un mal bien inférieur à celui qui pèse sur nous depuis de longues années. Il suffit d'être impartial pour comprendre que la façon de vivre de nos aïeux ne pouvait être la même que la nôtre, puisqu'ils vivaient dans d'autres conditions que nous. Et si nous nous obstinons à les imiter, notre existence deviendra de plus en plus intolérable; or, il faut à tout prix s'adapter aux exigences actuelles; il faut sans retard transformer la vie d'hier en une nouvelle vie *simple, saine* et *gaie.* N'ayons ni parti-pris, ni routine.

Lorsqu'on lance des formes nouvelles de toilettes, il est rare qu'on puisse leur attribuer ces trois qualificatifs! La Mode n'est jamais assez *simple* ni assez *saine,* car elle ne veut pas supprimer le corset et les hauts talons ; elle ne contribue pas toujours non plus à la *gaîté,* puisqu'elle nécessite des dépenses qui ne sont pas souvent à la portée de toutes les bourses. Parfois elle arrive même à nous jouer de tristes tours ! Vous devinez qu'il s'agit des sinistres culbutes qui étaient fréquentes hier encore pour les porteuses de jupes entravées et de chapeaux géants. Et pourtant quelles sont les femmes qui renoncent à suivre la mode ? Puisqu'on la change et qu'on l'adopte aussi aisément, malgré ses inconvénients, pourquoi ne pas transformer notre manière de vivre si compliquée ? C'est d'un besoin autrement pressant, d'autant plus que le nouveau mode d'existence, préconisé par *Vie Nouvelle,* ne présente que des avantages de tous ordres. Aussitôt adopté, il nous débarrasse d'un coup de tout le fouillis inutile et encombrant, tel que : pièces nombreuses, meubles immenses, véritables arches de Noé ! Il supprime propriétaires, déménageurs, concierges, cuisines, bonnes, maîtres, casseroles, etc... Je suis bien loin de plaisanter. Jugez par vous-mêmes. Mais avant de vous dépeindre le nouveau système de vie que je préconise, je tiens à vous faire remarquer qu'en vérité sa réalisation ne présentera pas de difficultés.

Comme les autres, les gens sans aucune fortune peuvent participer à cette réforme. Une seule condition est indispensable : c'est l'union d'un très grand nombre de personnes s'intéressant profondément à l'amélioration des questions sociales et à la reconstitution immédiate des pays détruits.

L'ANTICHAMBRE est en même temps SALLE D'ATTENTE

L'Antichambre est aménagée en salle d'attente et destinée à accueillir quelques instants les amis et connaissances qui arrivent à l'improviste, pendant que la ménagère transforme sa chambre en salon, s'il y a lieu.
Au fond vous voyez une penderie qu'un rideau ou qu'une porte coulisse protège de la poussière.

*
**

Me voici donc dans la Maison « Vie Nouvelle » (1)

Mon petit appartement consiste en une anti-chambre-salle d'attente, une vaste pièce principale, une pièce adjacente, une petite salle de douche, et W.-C. Cette grande pièce principale est doublée de *placards* et se trouve séparée de l'autre par deux murs parallèles, réservant l'espace nécessaire à l'agencement de ces *placards*, qui sont de toutes les dimensions et qui tiennent lieu, ayant une installation appropriée, d'armoire, de commode, de buffet, de bibliothèque, de débarras, de table de toilette, de garde-lit, de table à manger, de table à ouvrage, etc... etc...

Le matin, ma pièce principale ne présente qu'une chambre à coucher d'un aspect singulièrement vide, afin de répondre aux exigences de l'hygiène. Une large fenêtre-balcon est ouverte, puisque mon mari, mes enfants et moi, nous avons pris l'habitude de dormir au grand air de la banlieue où le Modèle de la Vie Nouvelle a été édifié ! En me levant, je laisse toujours la fenêtre ouverte pour que la literie de nos deux lits jumeaux reçoive une bonne aération ! Si j'ai un moment de libre, je dépose la literie qui est la plus éloignée de la fenêtre sur une planche-table accrochée au balcon qui fonctionne au moyen de charnières et que l'on rabat lorsqu'elle

---

(1) Ce chapitre est de pure imagination et destiné à rendre la lecture de la conférence moins ardue.

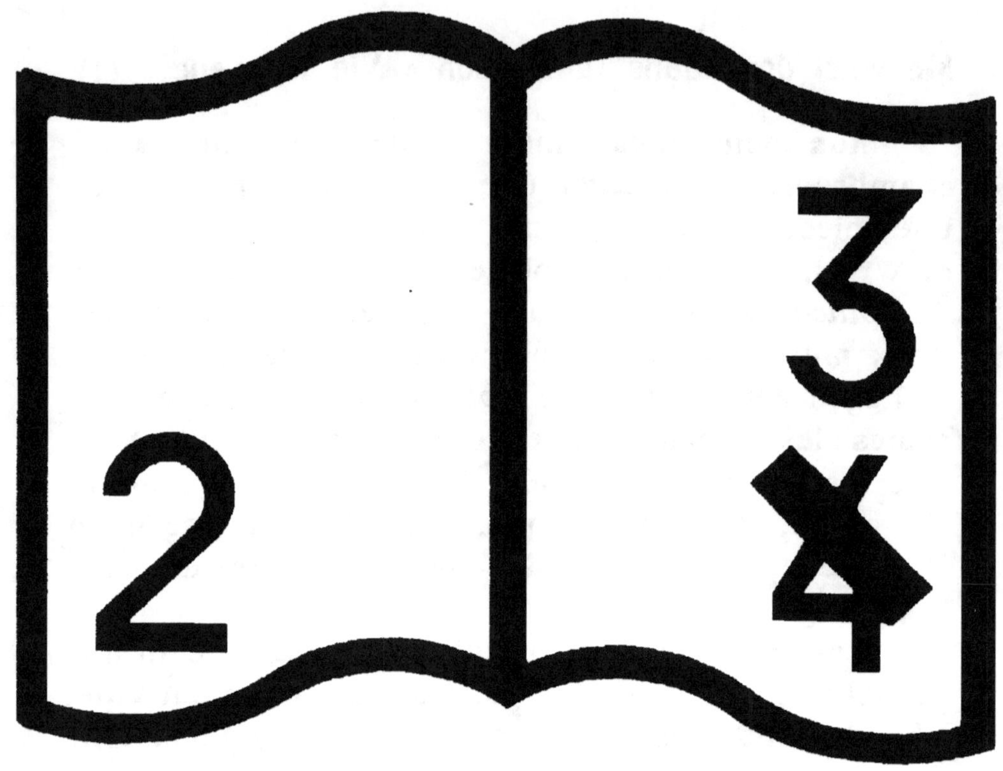

Pagination incorrecte — date incorrecte

NF Z 43-120-12

devient inutile. En transportant ainsi cette literie,
je ne fais pas un effort dangereux, car mon matelas
est deux fois plus petit que celui d'un grand lit
conjugal et que la qualité de son contenu est supérieure, par conséquent légère et peu encombrante.
Je me suis permis de faire cette dépense assez
sensible, parce que de la qualité de la literie dépend
souvent la qualité du sommeil. Du reste, cet achat
un peu coûteux est compensé par le prix modique
des lits qui ne représentent que deux sommiers en
fil de fer ou en corde tout simplement. Un de ces
sommiers-lits est suspendu comme un hamac à l'aide
de quatre petits câbles et de deux anneaux à une
tringle à proximité du balcon qui va transversale-
ment d'un mur à l'autre et peut ainsi se déplacer
à travers la pièce. Je puis transformer facilement
ce lit-hamac en canapé et cette métamorphose fait
que notre chambre devient, suivant nos besoins, un
salon, un bureau ou une salle à manger. Sur la
literie bien aérée, je jette un morceau d'étoffe
épaisse et lavable; sur cette étoffe, je dispose des
coussins, qui étaient rangés pour la nuit dans le
placard « aux fouillis ». Puis je redresse une planche
ou une bande en ficelle adaptée au sommier de lit-
hamac et qui était baissée pour la nuit, afin d'en
faire pendant la journée un dossier pour le canapé.
Cette planche est fixée au sommier du côté de la
fenêtre. Comme le lit-canapé est disposé parallèlement à la fenêtre-balcon, nous recevons toute la
lumière dont nous profiterons au moment de nous
installer sur le canapé avec un ouvrage ou un livre.
Le second lit ne présente qu'un sommier en fil de fer,

se pliant comme un lit-cage et rentrant avec la literie dans l'espace vide du placard qui est réservé pour la journée à cet usage. Quant au dépliage du lit, on y procède à la sortie du placard; or, il n'y a pas d'effort à faire pour le déplacer. Les deux lits, du reste, sont très près l'un de l'autre, même ils se touchent ; comme vous voyez, je ne fais pas de grands attentats aux traditions. Mais quel bonheur de posséder seul une couverture entière et d'avoir le droit de s'envelopper à son gré ! Il y a d'autres avantages au point de vue pratique et hygiénique, relatifs aux lits jumeaux, j'en parlerai plus tard quand je n'aurai plus que la préoccupation de mettre au point ce petit ouvrage. Pour le moment, je me trouve dans la situation des femmes dont je plaide la cause : or, vous pouvez me croire, je prends le temps sur mon repas et mon sommeil pour faire le brouillon de ce projet, et mon seul désir, c'est que je puisse le déchiffrer moi-même et que vous puissiez me comprendre (1).

Ainsi je continue.

Près du lit pliant, cachés dans le placard, se trouvent deux fauteuils et un guéridon que j'ai l'habitude de rentrer pour la nuit. Le matin, je les sors de leur cachette et les place facilement dans la pièce. Ces meubles sont en jonc japonais ; ils sont jolis, légers, confortables et, garnis de coussins et de dentelles, ils composent ainsi, dans le salon, un petit coin attrayant.

____

(1) Il s'agissait du brouillon de la conférence, qui était fait la veille de la réunion.

Le rideau qui cache un de mes lits pliants et l'endroit vide d'où je viens de sortir les meubles est très coquet et en même temps pratique, puisqu'il est lavable. C'est le seul rideau de la pièce. Il garnit mon mur et apporte sa note de diversité. Du reste, chaque partie du mur diffère d'une autre. Ainsi, près de ce rideau baissé, vous apercevez en entrant chez moi des rangées de livres sur les planchettes d'un placard-bibliothèque; comme ce sont des livres et objets sacrés appartenant à Vala, ma fille adorée, toujours absente, j'ai préféré garnir cette partie du placard de vitre au lieu d'étoffe ou de dentelle. Ainsi, son contenu, si précieux pour moi, est bien protégé contre la poussière et ne risque pas de se détériorer. Notre bureau est très simple. C'est une grande planche toute agencée des objets nécessaires pour travailler. Elle est combinée de la même façon que la planche à toilette et à ouvrage. Ces planches, je ne les tire et ne les garde qu'au moment de leur utilité. Ensuite, je lès rentre dans le mur-placard où elles sont protégées de la poussière de l'extérieur par des petites planchettes articulées. Les nombreuses tablettes dans les placards sont disposées de façon à ne pas avoir besoin de recourir aux échelles; de multiples casiers, tiroirs et étagères permettent d'avoir chaque chose à sa place en un ordre presque parfait; donc économie considérable de temps et de force.

Le joli panneau représentant des fruits, que vous apercevez au milieu du mur, en face de la bibliothèque, n'est qu'une table à manger. Du reste, pressez le petit bouton, dissimulé en haut, et la table-planche se baisse ; elle découvre quelques tablettes-buffet, avec la petite quantité de vaisselle que je garde pour les occasions comme la réception d'amis ou de parents. La vaisselle courante nous est fournie par la cuisine centrale dont je vous entretiendrai tout à l'heure.

La seconde pièce, pour le moment, est très simple, car je n'ai pas encore fait suffisamment d'économies pour pouvoir la rendre aussi attrayante que la principale ; néanmoins, elle répond parfaitement aux exigences de l'hygiène. Quand mes deux enfants rentrent le samedi soir des Ecoles Régénératrices pour passer le dimanche avec nous, ils couchent dans les véritables hamacs qui sont rangés pendant la journée dans un placard et que je déplie le soir venu pour en accrocher l'une des extrémités au mur opposé. Des sujets gais et instructifs garnissent quelques murs et les portes de cette pièce. Je les enlève les jours de grand nettoyage pour pouvoir laver tout à fond. Les effets, les livres et d'autres objets, qui se rapportent à la chambre des enfants, sont rangés dans les placards à portes à coulisse.

Chacune de nos pièces donne sur un balcon, qui nous sert également de bureau. En fait, nous y travaillons tous très souvent. Des costumes spéciaux et le toit-parapluie qui manœuvre facilement nous protègent des intempéries. Par le beau temps, nous montons souvent sur la terrasse et prenons des bains de soleil, en nous installant sur une chaise-longue, qui nous appartient et qui est dissimulée aux voisins par un paravent.

Voici l'heure du repas. Je descends dans mon

Elle accueille plusieurs enfants. Étant dépourvue de meubles, elle permet leurs libres mouvements.

Dans la même pièce, une partie du panneau se rabat et découvre les tablettes garnies de livres et de jouets.

Le pupitre est incliné, ce qui est indispensable pour la conservation d'une bonne vue.

La chaise est munie d'un dossier bombé, qui soutient la colonne vertébrale dans une position normale.

La même PIÈCE ADJACENTE
Elle devient la nuit la chambre des enfants.

appartement et j'appuie sur le bouton communiquant avec la cuisine unique pour toute la maison. Ne vous effrayez pas ! Ce n'est pas une cuisine commune, ni un restaurant ! Mes fournisseurs passent tous les soirs chercher la commande pour le lendemain. Cette commande est inscrite sur une ardoise dissimulée dans la porte d'entrée et elle sert en même temps de menu pour l'entrepreneuse de la cuisine, qui vient le matin pour prendre connaissance des plats que chaque locataire désire manger dans la journée. Oh ! il n'y a là rien d'impossible. Croyez à mon expérience et rappelez-vous que dans certaines villes de France, à Royan ou à Salies-de-Béarn, par exemple, ce système culinaire existe et personne ne s'en plaint. Beaucoup moins, en tous cas, que les maîtres ne se plaignent actuellement des domestiques et que les domestiques ne se plaignent des maîtres. Nous payons à l'entrepreneuse de cuisine 25 centimes pour la cuisson de chaque plat. Nous lui offrons le local et nous lui donnons ainsi le moyen de gagner sa vie. Son intérêt est donc de nous être agréable pour la même raison que l'intérêt du concierge est de donner satisfaction à son propriétaire. Mais en cas de complications ou de malentendus avec la cuisinière ou s'il me vient le désir de me reposer pendant quelque temps de ses plats, je ne suis pas dans l'embarras, puisque dans la salle de douche est installé un petit réchaud à gaz. Mais pour mon propre compte, il ne m'arrive pas souvent, depuis que j'habite la maison *Vie Nouvelle, de me reposer en me fatiguant* par le travail de la cuisine. En ce moment, au reste, il ne manque pas de préoccupations plus importantes que le maniement des casseroles. Et comme notre cordon-bleu invisible fait aussi bien que moi, je suis heureuse de me consacrer à la tâche pour laquelle il est plus difficile de me trouver une remplaçante.

C'est dans le vaste local du rez-de-chaussée que se trouve le domaine de l'entrepreneuse de cuisine et c'est sur un immense fourneau à gaz qu'elle opère à proximité de nombreux placards aménagés en auto-cuiseurs. Il suffit qu'elle laisse cuire sur le gaz quelques minutes seulement les plats qu'elle nous confectionne ; elle place ensuite nos casseroles contenant les mets demandés l'une sur l'autre, passe dans les anses de ces récipients une tringle de fer, de façon à pouvoir soulever toute la garniture à la fois et elle les rentre dans les placards-auto-cuiseurs. Elle referme les portes et nos plats continuent à cuire sans feu dans leurs casserolles, jusqu'au moment où nous signalons à la cuisinière que nous sommes prêts à prendre notre repas. Il n'y a pas de danger que les plats soient trop cuits ou pas assez. Voilà une trouvaille précieuse ! Combien de peine épargnée, combien de temps et de gaz gagnés ! Hélas ! ce n'est pas moi qui ai trouvé ce système admirable ! En tous cas, l'inventeur doit être mort il y a longtemps, puisqu'on commence seulement à s'intéresser à son invention. Et on la prend enfin tellement en considération que dans la maison *Vie Nouvelle* les boîtes portatives auto-cuiseurs sont transformées, comme vous avez vu, en placards.

Aujourd'hui, c'est Dimanche. J'ai commandé 3 plats : un poisson, un plat de viande aux légumes et un entremets. Au moment où nos sonnettes retentissent, la cuisinière et son aide sortent des auto-cuiseurs-placards les garnitures des casseroles portant toutes les noms des propriétaires. Puis elles les installent sur le monte-charge, et à chaque étage, on nous distribue nos repas bien confectionnés, cuits à point.

Je me dépêche de mettre ma table. Ce n'est pas compliqué non plus. Vous rappelez-vous que ma table « à manger » n'est qu'une planche appliquée contre le mur et qui sert, en même temps, de porte au buffet (quelques tablettes dans le placard). Or, en baissant la planche et la laissant de la dimension voulue (elle se replie et déplie selon le besoin), j'ai à la portée de la main tout le nécessaire pour mettre mon couvert. Comme je cherche à simplifier ma vie, nous mangeons sur une toile cirée quand nous sommes seuls ou, quelquefois, je couvre ma toile cirée d'une nappe en papier confectionnée pour cet usage. Les serviettes sont aussi en papier. J'ai pris l'habitude de m'en servir et je ne m'aperçois même pas du changement. En tous cas, ce linge de *table* est plus hygiénique et moins coûteux que celui de toile. Même en nous permettant le luxe de changer de serviettes à chaque repas et de nappe trois fois par semaine, nous y trouvons encore notre bénéfice.

Ainsi, nous sommes à *table*. Quel plaisir de rester tranquille pendant tout le repas, sans aucune préoccupation d'ordre culinaire et sans aller et venir pour servir toute la famille ! Je ne me dérange qu'une fois pour préparer le café-filtre à mon mari et du thé très léger pour mes enfants et moi. Je fais donc bouillir de l'eau sur le réchaud à gaz qui se trouve dans la petite salle de douche, à quelques pas de notre table. Le repas terminé, je place toute la vaisselle sale sur le monte-charge qui s'arrête à chaque étage, exprès pour nous débarrasser.

Ce soir nous rentrons à 6 heures, après avoir travaillé et joué au grand air pendant 2 heures dans les jardins et parcs appartenant aux Ecoles Régénératrices, ainsi que nous le faisons chaque dimanche.

Nous avons faim et nous tâchons de satisfaire notre appétit, avec les restes de midi, en faisant cuire un œuf à la coque pour celui de nous qui prétend ne pas pouvoir dormir si son estomac n'est pas suffisamment garni.

Avant de nous coucher, j'inscris le menu du lendemain sur l'ardoise de la porte et je descends avec les enfants dans la salle des réunions de notre association. Aujourd'hui, il n'y a pas de séance officielle. Un jeune homme joue du piano en sourdine, plus loin un groupe de dames cousent tout en écoutant attentivement une de leurs compagnes qui leur fait une causerie sur la nécessité urgente de créer des établissements coopératifs, où les personnes malades et de ressources modestes trouveraient temporairement tous les soins qui leur manquent chez elles.

Nous disons ensuite bonsoir à ces dames, qui nous ont complimentés sur l'aspect sain et robuste de nos enfants, puis nous nous empressons de remonter dans notre appartement, car demain il faut que nous nous levions de bonne heure pour conduire nos bam-

bins à l'École Régénératrice. Je suis trop heureuse de
la métamorphose qui s'est produite dans leur état
physique, depuis qu'ils sont dans ces Établissements merveilleux, pour que je veuille les garder
chez moi un jour de plus. En rentrant, je retire
des placards les hamacs-lits de nos enfants, je
retape la literie, et l'air qui vient du balcon la
rafraîchit à nouveau, comme le matin. Puis nos
chers petits se couchent.

Après leur avoir donné des baisers et des
caresses pour toute une semaine, je les quitte et je
m'occupe de transformer notre salon en chambre.
Comme vous l'avez vu, c'est très facile. J'enlève
du canapé les coussins et le morceau d'étoffe, et je
range tout cela dans le placard. Je déplie un autre
lit qui s'étend parallèlement au premier. Près de
chaque lit, nous relevons sur leurs charnières les
petites planches-tables de nuit, qui dissimulent pendant la journée les ouvertures des placards destinés
à abriter les ustensiles aussi indispensables à la vie
ancienne qu'à la vie moderne.

La matinée du lundi est assez tumultueuse. On
est pressé, car le trajet de l'École est un peu long.
Ah! la bonne petite salle de douches! On se débar-
bouille en même temps qu'on se donne une friction
au savon, des pieds à la tête. Nous avons adopté
l'habitude de prendre une douche froide, et cela
nous réussit très bien. Quelle satisfaction, d'être
toujours propres, de se sentir rafraîchis, toujours
parfumés à l'eau de Cologne, sinon au savon...
de Marseille !!

Je commande notre petit déjeuner par téléphone,

Salle de douches

étant trop pressée pour le préparer moi-même; je ménage maintenant mon système nerveux, et je ne veux plus courir à perdre la respiration pour accomplir le programme de ma journée. Ainsi, depuis que j'habite cette maison, mon mari me trouve charmante et moi-même je me sens rajeunie de dix ans. Ne pas être esclave des bonnes, des concierges! En même temps, avoir la satisfaction de ne plus contribuer à leur esclavage! Et les propriétaires? Ils n'existent plus pour nous! Le déménagement, s'il a lieu pour une raison quelconque, représentera le transport de quelques malles, tout simplement! Pas plus que cela! (Les marchands de meubles m'en voudront peut-être, parce que je conseille aux jeunes mariés de ne pas se condamner aux travaux forcés pour arriver à payer les meubles qu'ils achètent à tant par mois.) Mais que voulez-vous, je tiens à ce qu'on simplifie la vie, et en la simplifiant, on l'assainira et on l'égaiera en même temps. Quant à ceux dont les intérêts seront touchés par ces changements de vie, à ceux-là nous trouverons d'autres gagne-pain, et en même temps ils auront la satisfaction de contribuer au bien-être commun.

Il serait trop long de décrire tous les détails de l'agencement de notre maison. Et cependant je ne veux pas manquer de vous faire connaître quelques autres innovations importantes.

Voici d'abord le lavabo, d'un système nouveau, installé dans la salle de douche, qui fonctionne à l'aide d'une pédale semblable à celle du piano. Je crois à l'existence des microbes, car je les ai vus de mes propres yeux dans le microscope ! Or, je préconise le système des pédales, parce qu'il est inutile de se laver les mains si en touchant la poignée sale de la table de toilette, j'ai de nouveau la main souillée par ces petites bêtes si nuisibles à la vie humaine. Ainsi donc, en faisant fonctionner ce lavabo à l'aide du pied, nous véhiculons toujours moins de microbes, pendant nos repas, par nos mains.

Non loin de là, on aperçoit un petit siège, qui se transforme en couchette pour les soins particuliers prescrits par le médecin ; et encore plus loin, dans un placard à porte à coulisse, l'appareil où l'on place les bouteilles vides, objets bien gênants, lorsque la ménagère procède au balayage. La simplification du nettoyage des chaussures est également prévue : à cet effet, le personnel de la maison est muni d'un appareil automatique.

De même est installé un système qui nous évite le pèlerinage quotidien dans la cour, pour y déposer notre part des ordures ménagères.

Enfin, quand vous viendrez visiter notre maison, je ferai la démonstration sur place et elle sera plus éloquente et plus convaincante que celle d'aujourd'hui. Avant de vous quitter, il faut que je mentionne encore que deux équipes d'employés sont attachés à la maison pour les besognes qu'elle nécessite. Une équipe vient dans la matinée, une autre dans l'après-midi. C'est dans l'intérêt même du travail qu'il faut fournir aux travailleurs le moyen de varier l'endroit et le genre de leurs occupations. Grâce au "linoleum" qui protège le parquet et à l'absence de meubles qui demandent de l'entretien,

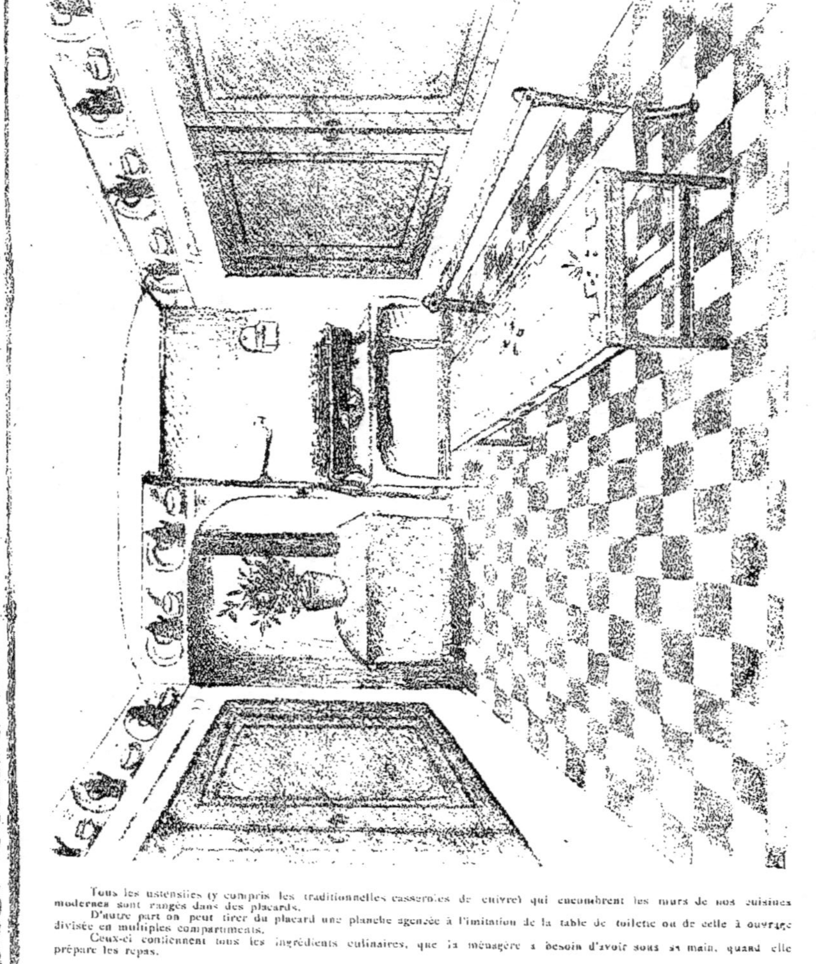

Tous les ustensiles (y compris les traditionnelles casseroles de cuivre) qui encombrent les murs de nos cuisines modernes sont rangés dans des placards.

D'autre part on peut tirer du placard une planche agencée à l'imitation de la table de toilette ou de celle à ouvrage divisée en multiples compartiments.

Ceux-ci contiennent tous les ingrédients culinaires, que la ménagère a besoin d'avoir sous sa main, quand elle prépare les repas.

notre petit appartement est fait dans l'espace d'une demi-heure. Comme je suis obligée de quitter ma maison à 8 heures, les jours de semaine, je ne m'occupe pas du tout de mon ménage. Ce sont les employés qui s'en chargent. Quant à l'ordre dans mes placards, je l'établis deux fois par mois. Le soir, nos chaussures et nos habits sont déposés dans un guichet pratiqué dans le mur de l'anti-chambre, et le matin les employés les prennent pour les nettoyer du côté du palier, sans entrer dans l'appartement.

La blanchisseuse de la maison se chargeant également des réparations de notre linge, son intérêt est de ne pas le faire brûler. Le nettoyage par le vide, le chauffage à la vapeur, qui me fait moins souffrir de la gorge que les autres systèmes, tout le confort moderne enfin et les principes de l'hy-giène sont appliqués dans notre maison *Vie nou-velle*.

L'édification d'une maison en général est une question très importante, puisque de nombreuses vies prennent une forme et un caractère selon les conditions dans lesquelles elles se développent. Or, pour construire un immeuble aussi complet que celui que je conçois, il est absolument nécessaire de constituer un Comité d'une haute compétence et d'une grande expérience au point de vue archi-tectural et hygiénique. Ce Comité contrôlerait les travaux du commencement de la construction jusqu'à la fin, et assumerait les responsabilités des défectu-osités s'il y a lieu.

En vous exposant une seule fois les grands

avantages que j'ai obtenus en contribuant à l'édification de la maison "Vie Nouvelle" et en m'y installant, je n'arriverais peut-être pas à vous convaincre;
mais, pourtant, en réfléchissant quelques minutes,
vous vous apercevrez certainement que mon enthou-
siasme pour cette façon de vie n'est pas exagéré!
Je ne prends plus les médicaments qui m'aidaient
à digérer la nourriture de restaurant pour la raison
que je viens à la maison pour prendre mes repas.
Je suis guérie, en effet, grâce au strict régime culinaire que j'ai pu suivre et grâce à mon nouveau
genre de vie en général. Les 15 fr. que je dépensais
tous les mois pour les médicaments et les 75 fr.
que j'économise en mangeant à la maison, voilà
déjà 90 fr. à diminuer mensuellement sur le prix
du loyer! Si ma cuisine ne se faisait pas dans ces
conditions merveilleuses, n'ayant pas le temps de
la faire moi-même, j'aurais dû continuer à m'em-
poisonner (à un prix élevé) avec la nourriture de
restaurant, ou bien il m'aurait fallu avoir une
bonne, luxe qui me serait revenu tout au moins à
250 fr. par mois. L'argent que j'aurais dû dépenser
pour les meubles nécessaires (si je m'obstinais à
habiter les maisons "Vie Ancienne"), je l'ai employé aussi à mon propre profit : j'ai acheté des
actions de cette maison "Vie Nouvelle", dont, par
ce moyen, je suis propriétaire partielle et sur les
revenus de laquelle je touche un petit intérêt. Or,
voici encore une diminution sur le loyer! Plus de
denier à Dieu, plus de déménagement, plus de
meubles détériorés, plus de dépenses pour leur
entretien, plus de bain en ville, donc plus de frais

pour soigner la bronchite acquise en prenant contact avec l'air vif du dehors.

Une autre maison " Vie Nouvelle ", qui se bâtit à Romainville, sur un terrain assez éloigné du centre de la capitale, et en même temps se trouvant à cinq minutes du métro, est beaucoup plus avantageuse au point de vue du prix. Sa construction est basée pourtant sur les mêmes principes d'hygiène et d'organisation intérieure de l'immeuble que j'habite. Eh bien, la différence considérable du loyer entre ces deux maisons est due aux causes suivantes : Le groupe d'ouvriers, qui a formé une société coopérative pour réaliser à très bon marché cette construction, a réduit la combinaison des placards et tout l'aménagement intérieur de la maison à une simplicité presque primitive. L'extérieur de l'immeuble est en même temps plus sobre. L'ascenseur, par son mécanisme et son aspect, ne diffère presque pas du monte-charge; le nombre d'employés est réduit au strict nécessaire : ainsi, la même équipe qui s'emploie pour le confectionnement du repas unique (à midi seulement), est engagée en même temps pour l'entretien de la maison. Quant aux appartements, ils sont soignés par les ménagères locataires elles-mêmes et ma foi, grâce à cette organisation nouvelle d'agencement de logements, grâce à la réduction sur l'ancien système du nombre des pièces, grâce à notre méthode nouvelle d'organisation de la cuisine simplifiée par les placards-auto-cuiseurs, la besogne quotidienne dans cette maison, aussi bien que dans celle où j'habite, est prodigieusement facilitée.

Le temps, c'est la vie... et la vie est inexorablement courte ; donc, tout instant vécu sans but est une faute irréparable. Depuis que j'ai fait cette " grande découverte philosophique ", je ne supporte plus l'idée du gaspillage effroyable de nos heures précieuses, qu'on sacrifie journellement aux petits faits insignifiants relativement au temps qu'ils demandent et au nombre de personnes qu'ils occupent. Il faut ménager ces instants impitoyablement gâchés, il faut libérer enfin presque toute notre existence, esclave de l'interminable besogne de nos intérieurs et surtout de nos cuisines. Plus que jamais, il faut faire de notre vie un emploi très précieux; par ce moyen on arrivera peut-être, dans un espace de quelques années, à créer à nos enfants ou à nos petits-enfants d'autres conditions d'existence, grâce auxquelles ils goûteront, *eux au moins*, un relatif bien-être.

Chère Madame,

Vous me demandez un rapport explicatif du projet que j'ai dressé pour répondre au programme de la « Vie Nouvelle » que vous avez conçu.

Les dessins d'architecture doivent dire tant de choses, avec peu de moyens et dans un langage qui n'est pas familier à tous, qu'il est toujours bon de leur donner un commentaire et je n'aurais pas le moindre embarras pour répondre à votre demande, si vous n'aviez pas vous-même, dans un programme présenté sous la forme d'une description, fait ce rapport explicatif d'une façon extrêmement vivante et saisissante et tel qu'il n'est possible d'y rien ajouter.

Néanmoins, puisque je sais l'impossibilité de ne pas satisfaire à vos désirs, je vais redire moins bien ce que vous avez dit parfaitement, ne donnant d'indications nouvelles qu'au sujet de la structure proprement dite :

Le programme des habitations « Vie Nouvelle » comportant tous les ingénieux moyens de simplification de l'existence que vous avez imaginé n'entraîne pas à un type uniforme de maison, mais peut au contraire s'adapter à toutes les exigences, à tous les besoins particuliers de ceux qui font construire ; ils s'appliquent à la petite maison particulière aussi bien qu'à la maison commune, la seconde comportant seule les services communs, comme l'aurait pu déduire M. de Lapalisse lui-même ; ils s'appliquent à une construction très modeste comme à une habitation luxueuse et le projet que j'ai établi n'est qu'une solution possible parmi les milliers de celles qui peuvent répondre à vos desiderata, du moins leur donne t-il complète satisfaction.

J'ai envisagé le cas d'une habitation confortable sans luxe et aussi économique que possible sans descendre à la construction de camelote.

J'ai donc prévu un sous-sol sous tout le bâtiment auquel on accède du jardin par quelques marches. Les murs de ce sous-sol peuvent-être exécutés en brique, en mœllon, en béton ou en meulière selon que l'un de ces matériaux est le moins cher dans l'endroit où l'on construit. Sur ces murs je pose un plancher en ciment armé qui a l'avantage de ne pas permettre à l'humidité du sol de gagner les murs de l'habitation, ce qui se produit toujours avec les planchers ordinaires pour les rez-de-chaussés.

Les murs extérieurs qui sont les seuls murs, puisque le système de construction que j'emploie me permet d'éviter les murs de refend, ce qui est une économie, sont construits en briques de 0^m11 d'épaisseur renforcés de place en place par des chaînes de 0^m22, contre la tête desquelles s'appuie la cloison en carreaux de plâtre laissant entre elle et la paroi de brique un vide dans lequel peuvent être disposés des tuyaux de vapeur alimentés par la cuisinière et donnant un chauffage central dans des conditions infiniment plus agréable que celui obtenu par les radiateurs. La terrasse, elle aussi, est en ciment armé à double dalle sans aucun joint, garantissant une étanchéité absolue et l'absence complète des réparations de toitures si fréquentes, si ennuyeuses et si coûteuses dès qu'une construction a un peu vieilli.

Les parois latérales des placards indiqués en noir fort sur le plan, qui sont également en ciment armé, rendent solidaires le plancher et la terrasse, c'est ce qui permet d'éviter un mur de refend.

J'ai prévu dans le plafond de la pièce principale l'incrustement de 4 carrés de verre-dalle, ce qui augmenterait la luminosité et la clarté de l'intérieur. C'est peut-être un certain luxe, il peut être adopté ou supprimé. Toutefois, cette pièce où l'on reçoit, où l'on mange, où l'on dort a besoin d'être largement éclairée et ventilée ; à cet effet je lui ai ménagé une large porte-fenêtre qui peut être selon les possibilités de dépense, soit ordinaire en bois, soit, selon un système que j'ai imaginé, double pour préserver du froid, construite en métal et coulissant dans le creux des murs ; puis pour avoir plus de lumière et pour ventiler, j'ai prévu au-dessus de cette porte-fenêtre un vitrage montant plus haut que le plafond et raccordé à la terrasse par une sorte de voussure ; c'est sous cette voussure que monteraient les buées, les odeurs d'où elles seraient évacuées par une prise d'air ordinaire ou par une disposition d'un vitrage telle que celle du système Castaing employé dans les bureaux de poste.

J'ajouterai que la balustrade et les petites pergolas (celles-ci sont un luxe supprimable) précédant les portes sont prévues en tubes de terre cuite, enfilés sur des fils de fer entourés de ciment, selon un système que je viens récemment de mettre au point et se rattachant aux parties en ciment armé de la construction.

La fenêtre de la cuisine est prévue à guillottine du modèle de celles inventées par mon confrère Sorel. Quant à la disposition générale, elle est indiquée par le plan mais peut-être est-il utile d'en parler cependant. Dans une petite entrée servant de salle d'attente, donnent toutes les portes. Celle de la pièce principale, de la cuisine, des v.-c., de l'escalier et de la seconde pièce, ainsi que celle sur l'intérieur.

Dans la cuisine, un placard peu profond mais très large occupe le fond, à gauche du fourneau et l'on peut, sans se déplacer, y prendre un objet de la main gauche, tandis que de la droite on confectionne un plat sur le feu ; à côté de ce placard, un autre plus petit mais plus profond, à côté de l'entrée, s'ouvre sur la cuisine et aussi sur la pièce principale, il est occupé par des marmites norvégiennes superposées de sorte que le plat préparé sur le feu y soit placé de la cuisine et puisse en être enlevé de la pièce principale au moment où elle devient salle à manger, sans qu'il soit nécessaire de passer à la cuisine.

La pièce principale est celle qui comporte à elle seule presque toutes les nouveautés de votre programme. Faisons-en le tour en partant à droite depuis la porte d'entrée. Nous trouvons le placard aux marmites dont je viens de parler, à côté un renfoncement qui permet d'éviter, dans la pièce, l'encombrement du piano. Il va s'en dire que si l'on ne veut pas de piano cet espace peut devenir, lui aussi, un placard. A côté, correspondant à celui des marmites, l'un des trois placards à fouillis, ensuite un autre très vaste peut contenir tous les vêtements de Madame et même dans le bas on y peut rentrer quelques sièges ; à côté les deux lits jumeaux et symétriquement celui de Madame, le placard de Monsieur ; pour ce qui est du détail je ne puis que renvoyer à votre description. J'y ajouterai seulement que les cadres des sommiers pourraient être en tubes d'aluminium, ce qui les rendraient très légers. De chaque côté de la porte-fenêtre, deux petits placards bibliothèques, puis un espace plus vaste continue cette ceinture de placards et forme la salle de douches dont le sol est en ciment et creusé en manière de tub sous le jet de la douche ; à droite, un petit lavabo, à gauche, une sorte de chaise longue se relevant ou s'abaissant comme les lits et permettant des ablutions spéciales. En face des lits, le buffet dont la table forme la porte lorsqu'elle est relevée et qu'elle ouvre en s'abaissant, laissant à portée de la main les objets qui y sont contenus ; de chaque côté deux petits placards à fouillis.

J'ai limité la hauteur de tous ces placards à celle qu'on peut atteindre de la main, les pieds posant sur le sol, et au-dessus de ce niveau, une autre ceinture de placards qu'on ne peut atteindre qu'à l'aide d'un escabeau est destinée à renfermer les objets dont on ne se sert que rarement ou à ranger les vêtements d'hiver pendant l'été *et inversement. Il va s'en dire que la menuiserie formant tous ces placards peut-être simple ou riche au gré de chacun, celle que j'ai indiquée dans le projet est supposée en chêne et décorée au moyen du procédé mécanique si ingénieux imaginé par le maître de Baudot pour l'ornementation des portes de l'église Saint-Jean de Montmartre, place des Abbesses, à Paris. Un effet assez vibrant peut ainsi être obtenu très économiquement. Le parquet est prévu sans joints et à coins arrondis, de même que le plafond que je suppose enduit en mortier de chaux et décoré à fresque au pochoir et à l'aérographe par des lignes simulant un treillis sur lequel s'enroulent des capucines.*

La pièce secondaire, que je suppose à l'usage de cabinet de travail et en même temps de chambre, comporte un lit analogue à ceux de la pièce principale et des crochets disposés le long des murs y pourraient permettre la disposition de plusieurs lits-hamacs. Je le répète, ce n'est là qu'une des nombreuses dispositions modifiables selon les besoins spéciaux de chacun répondant au programme de simplification « Vie Nouvelle », modifications pouvant porter sur le nombre des pièces, sur leur disposition, sur le degré de richesses des boiseries et du décor, ou sur le mode de structure de certaines parties, pour les murs notamment. Celui que j'ai figuré dans le projet est un minimum au point de vue confort et solidité, on y pourrait substituer avec avantage, les ressources le permettant, le mur de ciment armé dont j'ai depuis peu imaginé le système, on obtiendrait alors la solidarité complète de la construction en même temps qu'un aspect beaucoup plus brillant.

Ce système consiste à remplacer la paroi extérieure en brique par une cloison établie au moyen de carreaux de liège minéral ou d'une autre matière isolante sur lesquels d'autres carreaux, d'une matière quelconque imperméable, mais de dimension moindre, forment saillie ; ces carreaux, doubles, posés les uns sur les autres comme des briques laissent donc entre les saillies qu'ils forment des canaux creux dans lesquels se logent les armatures de fer enrobées dans le mortier de ciment armé et constituant ainsi un réseau extrémement fort, solidaire du plancher et de la terrasse, donnant une construction absolument parfaite et supprimant toute dépense d'entretien.

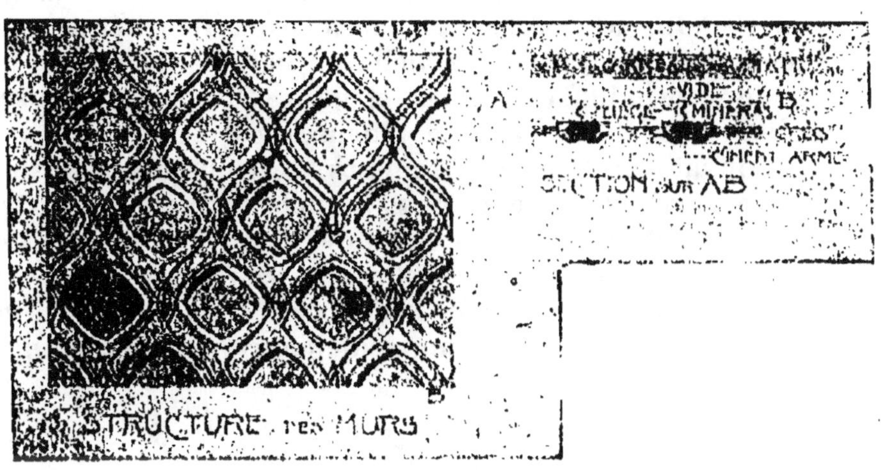

Je crois ainsi, chère Madame, avoir répondu aussi complètement que possible à votre demande. Cette assez longue explication n'ajoute pas grand chose, sans doute, à votre vibrante description, mais je crois qu'une seule chose peut en dire plus et être plus convaincante encore, c'est la réalisation d'un exemple et je ne doute pas que son éloquence soit telle qu'elle assurera un éclatant triomphe aux idées que vous vous efforcez de répandre pour le bien de tous avec un dévouement d'apôtre.

Et je vous prie d'agréer,........

Nous sollicitons instamment l'aide morale de tous les organes de la Presse française, quelle que soit leur opinion politique ou leur tendance religieuse, et nous les prions de bien vouloir communiquer à leurs lecteurs que, au sujet des renseignements concernant les locations de nos futures maisons *Vie Nouvelle*, ils peuvent s'adresser à Madame Lisa Frouin, secrétaire de l'Association Régénératrice, 5, Avenue du Général Détrie, pendant le mois de juillet, tous les jours de midi à 2 heures et de 6 à 9 heures et ensuite les 1er et 3mo dimanches de 4 heures à 8 heures.

Convaincus que nous sommes, de leur ardent désir de rendre service au pays, nous sommes également certains qu'ils n'hésiteront pas à nous aider dans l'édification de la première maison *Vie Nouvelle qui réalise, pour un minimum de prix, les derniers progrès de l'hygiène et du confort modernes représentant actuellement un maximum de loyer.*

Nous adressons un pressant appel aux Directeurs et Administrateurs des divers groupements, œuvres, associations et sociétés pour les prier de bien vouloir faire partie de nos Comités d'Administration et de Direction, ensuite d'initier leurs adhérents aux avantages sans précédent de nos habitations et enfin, d'adresser ceux qui seront gagnés à notre cause commune, à Madame Lisa Frouin, secrétaire de l'Association Régénératrice, 5, Avenue du Général Détrie et 55, Avenue Suffren, pendant le mois de juillet, tous les jours, de midi à 2 heures et de 6 à 9 heures, et ensuite les 1er et 3mo dimanches de 4 à 8 heures.

Selon le rôle que ces personnes voudront bien remplir la veille ou au cours de l'édification de ces immeubles, elles s'inscriront soit au Comité des Edificateurs, soit au Comité des Locataires, ou bien au Comité de Direction ou d'Administration.

LE COMITÉ.

J'exprime toute ma reconnaissance à M. Vorin, architecte, qui a bien voulu m'accorder son concours généreux et donner, par ce fait, une réelle valeur à mon petit ouvrage.

J'adresse tous mes remerciements à M. Rirachovsky, imprimeur-éditeur, pour le concours généreux qu'il nous prodigue dans l'impression de nos publications, aussi bien volumes que brochures ou prospectus, concernant la propagande relative aux Ecoles Régénératrices et aux Maisons *Vie Nouvelle*.

Les qualités artistiques et parfois luxueuses de l'exécution de ces ouvrages ont contribué pour une grande part aux premiers résultats obtenus par notre œuvre.

Je remercie également M. Francis Boulangé et Mlle Porta, dont les intéressants dessins ont rendu ce dernier volume, *Vie Nouvelle*, plus explicite et plus complet.

N. B. — J'aurais voulu donner, avec le présent ouvrage, à toutes les personnes qui ont adhéré intégralement à notre association, ma modeste composition musicale intitulée « Vers la Vie simple, saine et gaie », mais le temps nous manquant, je suis obligée de remettre ce supplément à la deuxième édition de « Vie Nouvelle ». Toutefois, nos adhérents qui voudront recevoir ce morceau de musique, sont priés de venir se faire inscrire, pendant le mois de juillet, 5, Avenue du Général Détrie (7e arr.), de midi à 2 heures et de 6 à 9 heures.

Ce morceau de musique n'est qu'une improvisation d'amateur que Mademoiselle Marcelle Soulage, plusieurs fois premier prix de conservatoire de Paris, jeune virtuose et compositeur de talent, a bien voulu transcrire, notant *exactement* ce que je lui jouais au piano, sans y apporter, selon mon désir, la moindre correction au point de vue technique. Je la remercie encore chaleureusement de son aide.

Un modèle de la décoration extérieure réalisée avec des matériaux auxquels on aura conservé leurs formes et leurs couleurs originales tels que cailloux de mer.

Au dernier moment nous pouvons faire savoir, avec grande satisfaction, à nos lecteurs et à nos adhérents, qu'un certain nombre de personnes faisant partie du Parlement et du Conseil municipal de Paris, dont le concours effectif nous est très précieux, ont accepté de faire partie de nos principaux comités.

Ces personnes, en outre d'autres hommes éminents, mentionnés dans la petite brochure ci-jointe, sont décidées à nous aider soit pour la réalisation du premier modèle des *Écoles Régénératrices*, soit pour la construction d'un groupe de maisons *Vie Nouvelle*, soit pour la fondation du premier club « *Vie simple, saine et gaie* ».

Il est utile de faire savoir également que nous publierons prochainement les noms de *toutes les autres personnes* composant les divers Comités, actuellement en formation de ces trois œuvres. C'est par de grandes affiches illustrées apposées sur les murs de Paris, grâce à la générosité d'un de nos « parrains bienfaiteurs », que nous ferons connaître au public la liste entière de ces noms.

N.-B. — Le volume « Écoles Régénératrices », luxueusement édité est en vente au prix de 5 fr. dans toutes les librairies. Il renferme une quinzaine d'autographes de personnalités scientifiques, litté-

raires et artistiques universellement connues. Il est
illustré d'une quarantaine de dessins exécutés par
des artistes de talent. Il est accompagné d'un dessin
hors-texte de STEINLEN ; il renferme une composition musicale inédite de Nadie Boulanger et les
plans des « Écoles Régénératrices » de M. Coste-
rousse-Meguelle, architecte.

Le même volume sera mis à la disposition des
acquéreurs, au prix de 3 fr. 50, chez la Secrétaire de
l'Association Régénératrice, 5, Avenue du Général-
Détrie et 55, Avenue Suffren, pendant tout le mois
de juillet, de midi à 2 heures et de 6 à 9 heures,
et ensuite, tous les 1er et 3me dimanches, de 4 à 8
heures. Chaque acquéreur de ce volume, soit chez
le libraire soit chez la Secrétaire de l'Association,
est prié de venir, 5, Avenue du Général-Détrie ou
55, Avenue Suffren, pour inscrire son nom et son
adresse sur la liste qu'on lui présentera à cet effet.
Le jour d'inauguration de la première « Régéné-
trice », cette liste en papier sera transformée en
plaquette métallique et sera apposée avec les noms
de souscripteurs, sur un des principaux édifices de
nos futures Écoles-Sanatoria.

Projet et plan d'un des modèles de Maison *Vie Nouvelle*
par M. PAUL VORIN,
architecte du Gouvernement, Vice-Président de *l'Art de France*,
Professeur à l'Ecole supérieure d'Art public.

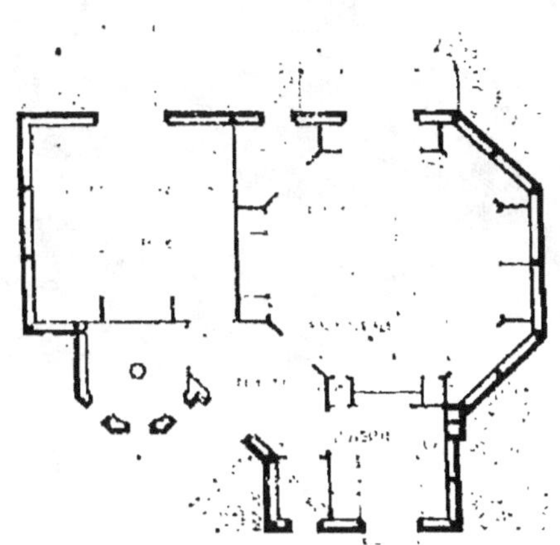